BEI GRIN MACHT SICH IHR WISSEN BEZAHLT

AF146161

- Wir veröffentlichen Ihre Hausarbeit, Bachelor- und Masterarbeit

- Ihr eigenes eBook und Buch - weltweit in allen wichtigen Shops

- Verdienen Sie an jedem Verkauf

Jetzt bei www.GRIN.com hochladen und kostenlos publizieren

Bibliografische Information der Deutschen Nationalbibliothek:

Die Deutsche Bibliothek verzeichnet diese Publikation in der Deutschen National-
bibliografie; detaillierte bibliografische Daten sind im Internet über http://dnb.d-
nb.de/ abrufbar.

Impressum:

Copyright © 2018 GRIN Verlag
Druck und Bindung: Books on Demand GmbH, Norderstedt Germany
ISBN: 9783668765559

Dieses Buch bei GRIN:

https://www.grin.com/document/435464

Julius Bonaventura

Ethizität und Legitimität von "moral bombing"

GRIN Verlag

GRIN - Your knowledge has value

Der GRIN Verlag publiziert seit 1998 wissenschaftliche Arbeiten von Studenten, Hochschullehrern und anderen Akademikern als eBook und gedrucktes Buch. Die Verlagswebsite www.grin.com ist die ideale Plattform zur Veröffentlichung von Hausarbeiten, Abschlussarbeiten, wissenschaftlichen Aufsätzen, Dissertationen und Fachbüchern.

Besuchen Sie uns im Internet:

http://www.grin.com/

http://www.facebook.com/grincom

http://www.twitter.com/grin_com

Universität Passau

Philosophische Fakultät

Professur für Internationale Politik

Seminararbeit

im Rahmen des Hauptseminars

Theorien der Internationalen Beziehungen und der Zweite Weltkrieg

WS 2017/2018

Ethizität und Legititimität von

„moral bombing"

Julius Bonaventura

Fachsemester: 5

Studiengang: Governance and Public Policy-Staatswissenschaften

Abgabetermin: 03.04.2018

Universität Passau

Inhaltsverzeichnis

1. Einleitung...S.3

1.1 Einstieg...S.3

1.2 Motivation, Problemstellung und Ziel der Arbeit.............................S.4

1.3 Anbindung der *Just War Theory* an *moral bombing*...........................S.6

2. Hauptteil...S.8

2.1 Die *Just War Theory* nach Michael Walzer..............................S.8

2.2 Deskription: *moral bombing*..S.10

    2.2.1   Entwicklung der *moral bombing* Strategie..........................S.10

    2.2.2   Der Bombenkrieg in Deutschland..................................S.12

    2.2.3 Der gesellschaftliche Diskurs der Alliierten über den
Bombenkrieg..S.18

2.3 *moral bombing*: vereinbar mit dem gerechten Krieg?.................S.19

    2.3.1   Moralität der Flächenbombardemen.............................S.21

    2.3.2   Legalität der Flächenbombardements............................S.25

3. Schluss...S.27

3.1 Diskussion und Beantwortung der Forschungsfrage.......................S.27

3.2 Ausblick..S.29

Literaturverzeichnis...S.32

1. Einleitung

1.1 Einstieg

„Die 19-jährige Käte Hofmeister flieht gemeinsam mit ihrer Mutter und einer Tante aus einem Schutzkeller, sie wollen zu einem Fußballpatz laufen. Aber dann können sie eine Straße nicht überqueren, denn der Asphalt ist geschmolzen. „Es waren Menschen auf der Fahrbahn, einige schon tot, andere lebten noch, aber sie waren in dem Asphalt stecken geblieben und konnten sich nicht befreien." Sie müssen in ihrer Panik auf die Straße gelaufen sein, ohne die Falle zu bemerken. „Sie waren mit den Füßen eingesunken und hatten dann versucht, sich mit den Händen loszustemmen. Nun lagen sie auf den Händen und Knien und schrien." (…) Luftschutzkeller, sonst bei Bombardements relativ sicher, werden im Feuersturm zur tödlichen Falle. (…) In der Hitze schwelen die Kohlevorräte, die verbotenerweise in fast allen Kellern lagern, und füllen die engen Räume mit dem farblosen Gas. Die Mehrzahl der Opfer findet man später wie Wartende auf ihren Plätzen sitzend, viele haben einen friedlichen Gesichtsausdruck. Ihre Haut ist kaffeebraun gebacken, ihre Körper sind auf die Hälfte zusammengeschrumpft, weil Hitze und Trockenheit die Flüssigkeit aus den Leibern saugen. Andere Tote liegen auf dem Fußboden in der erkalteten schwarzen Masse ihres geschmolzenen Körperfetts. (…) Als die Besatzungen der britischen Bomber wieder auf ihre Stützpunkte zurückkehren, ist die Stimmung gelöst, ja „aufgekratzt", erinnert sich Sergeant Burger:„Wir waren der absoluten Überzeugung, dass wir etwas ganz Besonderes hingelegt hatten. Das war mehr als der übliche, alltägliche Routineflug." Frank Wolfson ist ebenfalls erleichtert, der Angriff war ein „magisches Ding". Wie nach jedem Angriff essen die Crews Eier und Schinken, der Stützpunktpfarrer serviert Tee mit Rum. Auch Commander Harris ist delighted, erfreut. Der Angriff beweist die Zerstörungsmacht der Bomberflotte, an der andere Militärs immer wieder gezweifelt haben. Eine erste Auswertung ergibt, dass die Vernichtung „phänomenale Ausmaße" erreicht hat." [1] „Nach den Luftangriffen auf Hamburg im Rahmen der Operation „Gomorrha" sagte der Chef des Bomber Command, Air Marschall Arthur Harris: „Ich wollte in Hamburg immer einen massiven Angriff. Es war die zweitgrößte Stadt Deutschlands und ich wollte eine

---

[1] GEO Epoche, S.44 ff.

riesengroße Show abziehen.[2] *(...) Zusätzlich zu den Schrecken des Feuers wollen wir Boches („Scheißdeutsche") unter den Trümmern ihrer Häuser begraben, Boches umbringen und Boches terrorisieren."*[3]

1.2 Motivation, Problemstellung und Ziel der Arbeit

So berichten Augenzeugen über die *Operation Gomorrha*[4] am 28. Juli 1943 mit mindestens 45.000 Toten[5]. Warum lohnt sich eine vertiefte Auseinandersetzung mit der Thematik des *moral bombing*? Können Debatten über den Zweiten Weltkrieg, dessen Ende nun fast ein Dreivierteljahrhundert zurückliegt und der eines der sowohl von Historikern als auch Politikwissenschaftlern meisterforschtesten Ereignisse der Weltgeschichte darstellt, nicht als abgeschlossen gelten? Und läuft eine genaue und kritische Auseinandersetzung mit der alliierten Kriegsführung, so auch den Bombardements deutscher Städte, nicht immer auf die Gefahr hinaus, den Deutschen Angriffskrieg und die ihm inhärenten Kriegsverbrechen bis hin zum Holocaust zu relativieren? Schließlich missbrauchen Rechtsextreme regelmäßig die Bombentoten, machen mit falschen Opferzahlen Stimmung und sprechen vom *„Bombenholocaust der Alliierten"*[6]. Laufen die im Einstieg zitierten Berichte nicht darauf hinaus, falsche bis nationalistische Opfergefühle bei Deutschen zu wecken und alte Wunden aufzureißen? Bringt es der ehemaligen Bundespräsident Roman Herzog nicht auf den Punkt, der sagte; *„Es gibt keinen Sinn darüber zu richten, ob der Bombenkrieg, an dessen Unmenschlichkeit ohnehin niemand zweifelt, im juristischen Sinne rechtmäßig gewesen ist oder nicht (...). Was bringt uns das?"*[7] Seriöse moralphilosophische, politische und juristische Publikationen über alliierte Bombardements im Deutschen Reich während des Zweiten Weltkrieges sind jedoch eine Rarität.[8] Oftmals ist auch bis in die heutige

---

[2] Grayling, S.132 f.

[3] Grayling, S.139 f., nach Probert, Bomber Harris, S. 154 f.

[4] Der militärische Codename der Operation ist angelehnt an eine Erzählung des Alten Testaments über die Zerstörung der Städte Sodom und Gomorrha von Gott, durch Feuer und Schwefel, aufgrund des sündhaften Verhaltens seiner Bewohner.

[5] Vgl. Grayling, S.32 f.

[6] so z.B. auf der Website https://germanenherz.wordpress.com/2016/02/13/bombenholocaust-deralliierten/

[7] Schumacher, S.11 f., aus der Rede zum 50. Jahrestag der Zerstörung Dresdens; zitiert nach Frankfurter Allgemeine Zeitung, 14. Februar 1995

[8] Vgl. Schumacher, S.13 f.

Zeit ein ideologieloser Umgang mit der Thematik nicht möglich. Häufig werden durch Bomben getötete deutsche Zivilisten pauschal als selbstverschuldet begriffen. So schreibt zum Beispiel Michael Schaper, ehemaliger Chefredakteur Der GEO Epoche, dem auflagestärksten deutschen Geschichtsmagazin[9] im Vorwort der Ausgabe Nr. 44 zum Zweiten Weltkrieg: *„Zum anderen hatten Deutsche und Japaner auf ihren Vormärschen derart barbarische Verbrechen begangen, dass sie für diesen totalen Krieg von ihren Gegnern keinerlei Rücksichtnahme erwarten konnten. Das galt für Briten wie den Luftmarschall Arthur Harris der die Pläne für die Bombenangriffe auf deutsche Großstädte entwarf, denen ab 1942 Hunderttausende zum Opfer fielen, vorwiegend Frauen, Kinder und Alte."*[10] Ob dies zutrifft, wird in dieser Seminararbeit zu klären sein. Um den Zweiten Weltkrieg als Ganzes zu verstehen, in seiner Vielschichtigkeit zu begreifen und auch um besser aus ihm zu lernen, müssen die Kriegsführung der Alliierten[11] und die der Achsenmächte[12] möglichst objektiv und unabhängig voneinander betrachtet und bewertet, anstatt gegeneinander aufgerechnet zu werden. Eine Beschäftigung mit der Kriegsführung der Alliierten, wie es in dieser Seminararbeit geschieht, ist in keiner Weise dazu gedacht die deutsche Kriegsschuld, Kriegsführung oder Kriegsverbrechen zu relativieren. Da bis heute ein krampfloser Umgang mit dem Sachverhalt, insbesondere in Deutschland, schwierig ist, macht eine intensive Beschäftigung mit der Thematik umso spannender.

Diese Seminararbeit wird unter Anwendung der *Just War Theorie (kurz: JWT)* nach Michael Walzer, welche die Frage nach dem gerechten Krieg stellt, prüfen und abwägen ob die der Ideologie des *moral bombing* (zu Deutsch: Morales Bombardement) und die daraus folgenden Bombardements auf deutsche Städte moralisch und juristisch legitimierbar, und mit der Vorstellung des gerechten Krieges zu vereinbaren sind. Im Fokus stehen hierbei das *ius in bello,* also das Recht im Krieg. Die Forschungsfrage lautet also:

---

[9] laut meedia.de/2008/10/28/geschichtsmagazine-so-schwach-wie-selten/
[10] GEO Epoche Nr.44, Das Magazin für Geschichte, Der Zweite Weltkrieg, Teil 2, 1943-1945, Von der Ostfront bis Nagasaki: Wie die Katastrophe endete
[11] Anti-Hitler-Koalition der „großen Vier"; Großbritannien, USA, Sowjetunion, Republik China (ab 1944 auch Frankreich) sowie weiterer Staaten
[12] Bündnis des Deutschen Reichs, Italien, Japan und weiterer Staaten

Inwiefern kann die Luftkriegsführung der Alliierten im Deutschen Reich während des Zweiten Weltkriegs, unter Prüfung den von der *Just War Theory* nach Michael Walzer aufgestellten Kriterien, als ethisch und rechtlich legitim gelten?

Hierfür wird zunächst dargelegt, warum die *JWT Theorie* und die in der Seminararbeit verwendeten Quellen genutzt wurden. Anschließend wird im Hauptteil eine kurze Zusammenfassung der *JWT Theorie* nach Walzer gegeben. Danach wird die historische Entwicklung der *moral bombing* Strategie und ihre Auswirkungen im Kriegsverlauf dargestellt. Daraufhin wird auf den während des Zweiten Weltkriegs erfolgten Diskurs über *moral bombing* eingegangen werden, um ein genaueres Bild über die Zeitumstände und Ziele der damals handelnden Akteure aufzuzeigen. Dies soll auch dazu beitragen, die Frage zu klären, welchen Wissensstand die relevanten Akteure zur Verfügung hatten, auf dem ihre Entscheidungen aufbauten. Schließlich wird die *JWT Theorie* mit ihren ethischen und rechtlichen Kriterien auf die *moral bombing* Strategie und die daraus folgenden Bombardements angewendet, und somit im Schlussteil eine Beantwortung der Forschungsfrage erreicht werden. Weiterhin soll ein kurzer Ausblick auf möglichen Schlüsse, die aus der Beantwortung gezogen werden können, folgen.

1.3 Anbindung der *Just War Theory* an *moral bombing*

Warum wurde in der Seminararbeit die Theorie des gerechten Krieges gewählt, die grundlegende moralische Prinzipien zur Kriegsführung aufstellt? Lassen sich die Bombardements während des Zweiten Weltkrieges nicht viel besser mit einer realistischen statt einer idealistischen, Theorie erklären, die allein die Frage „Cui bono?" [13] stellt? Ist die Diskussion über gerechte Kriege nicht eine absurde Veranstaltung einiger Akademiker, die den absurden Versuch unternehmen Krieg und Gerechtigkeit miteinander in Einklang zu bringen? Sollte man nicht vielmehr dem englischen Sprichwort, „All`s fair in love and war" oder auch dem Kernargument der Realisten, dass Soldaten im Krieg grausame Dinge vollbringen würden, weil Krieg nunmal so sei. [14] Beachtung schenken? Walzer argumentiert gegen den Realismus: *„Der Krieg ist etwas so Entsetzliches, dass wir zynisch auf den Gedanken der*

---

[13] Latein: Wem zu Vorteil/ Wem nützt es?
[14] Vgl. Walzer, S. 23 ff.

Möglichkeit seiner Beschränkung reagieren; andererseits ist der Schrecken des Krieges zu groß, dass wir entrüstet sind, wenn keine Beschränkungen vorhanden sind. Unser Zynismus beweist, dass die Kriegskonvention voller Mängel ist, und unsere Entrüstung beweist ihre Wirklichkeit und tatsächliche Macht. "[15] Weiterhin besitzen die meisten Soldaten kulturunabhängig ebenfalls moralische Grenzen und folgen bestimmten Soldatenkodizes, die zum Beispiel das Erschießen von gefangenen Soldaten, oder auch nicht an Kriegshandlungen beteiligten Personen eines feindlichen Staats, sogenannten *innocents* (zu Deutsch: *Unschuldige*), ausschließen und als „unehrenhaftes Verhalten" deklarieren.[16] Bereits im Jahr 1139 ließ Papst Innozenz der Zweite, die Anwendung der Armbrust gegen Christen verbieten da sie für die „christliche Kriegsführung" als zu mörderisch angesehen wurde[17]. Seit dem Mittelalter wird von „Ritterlichkeit" als militärisch ehrenhaftes Verhalten gesprochen. Auch wenn viele Normen und Verrechtlichungen (so auch die des Armbrustverbots) nur geringe Auswirkungen in der Praxis erzielen konnten, machen sie deutlich, dass der Diskurs über eine ethische Kriegsführung seit vielen Jahrhunderten geführt wird. Die Frage, wie Moral und Krieg miteinander zu vereinbaren sind ist keine neumodische Erscheinung, sondern beschäftigt die Menschheit seit jeher. Schließlich bestimmt auch nicht das Handeln von Soldaten, sondern die Meinung der Menschheit, die von Philosophen, Juristen und Publizisten, also Zivilisten, mitgeformt wird, die moralische Realität des Krieges.[18]

Während des Zweiten Weltkriegs erhoben Briten und Amerikaner den Anspruch, einen gerechten Krieg zu führen, da es sich um einen Verteidigungskrieg handelte, der sich gegen Faschismus und Völkermord wandte.[19] Oftmals wird der Zweite Weltkrieg auch als das Musterbeispiel für einen solchen Krieg verwendet.[20]

Wer die alliierte Luftkriegsführung also nur auf ihren unmittelbaren Nutzen hin überprüfen will, sich also dem Realismus bedient, wird kein zufriedenstellendes Ergebnis über die Komplexität der Thematik erhalten. Fragen nach Moral und Recht spielen eine zu große Rolle und können nicht ausgeblendet werden. Folglich erweist

---

[15] Walzer, S.83 f.
[16] Vgl. Grayling, S.244 ff.
[17] Vgl. Grayling, S.258f.
[18] Vgl. Walzer, S.39 f.
[19] Vgl. Grayling, S.239 ff.
[20] Vgl. Walzer, S.16 f.

sich die *JWT Theorie* als geeignet, um *moral bombing* erklären und bewerten zu können.

Hierbei sollen insbesondere Quellen von Autoren verschiedener, am Geschehen des Zweiten Weltkriegs beteiligten Nationalitäten zur Geltung kommen, um zu einem möglichst objektiven Ergebnis zu gelangen, und verschiedene Sichtweisen zu berücksichtigen. Neben der Primärquelle des Amerikaners Walzer über den gerechten Krieg wurden deshalb vor allem deutsche, britische und amerikanische, Quellen verwendet.

2. Hauptteil

2.1 Die *Just War Theory* nach Michael Walzer

Der Begriff der Lehre des gerechten Krieges wurde erstmals in der Spätantike vom Philosoph Augustinus von Hippo entwickelt und im Mittelalter vom einflussreichen Theologen und Philosophen Thomas von Aquin wieder aufgenommen.[21] Zahlreiche weitere Philosophen, Theologen und Publizisten haben die Theorie weiterentwickelt und ihre eigenen persönlichen Vorstellungen miteingebracht.

1977 schrieb der amerikanische Sozial- und Moralphilosoph Michael Walzer (*3. März 1935-), insbesondere als Reaktion auf die US- Intervention im Vietnamkrieg[22] sein Werk, *Just and Unjust wars,* indem er seine Überlegungen zum gerechten Krieg mit Hilfe empirischer Beispiele darlegt.[23] Viele Gegner des

---

[21] Vgl. Garrett, S.138 f.

[22] Der Vietnamkrieg oder auch der Zweite Indochinakrieg, erfolgte von 1955-1975. Ab 1965 unterstützten die USA die Südvietnamesen militärisch, durch Bombardements sowie Bodentruppen gegen die von der Sowjetunion unterstützten Nordvietnamesen. Die vietnamesischen Opferzahlen werden auf eine Höhe zwischen zwei und fünf Millionen geschätzt. Zudem fielen ca. 58.000 US- Soldaten. Aufgrund mangelnder Kriegserfolge aus US- Sicht, sowie zunehmender Kritik der amerikanischen Zivilgesellschaft zogen die Amerikaner 1973 in Folge des Pariser Abkommens aus Vietnam ab. Der Krieg endete am 1. Mai 1975 durch die Eroberung des südvietnamesischen Saigons durch die Nordvietnamesen.

[23] Vgl. Stahl, S.149 f.

amerikanischen Engagements in Vietnam argumentierten gegen den Krieg mit seiner Theorie; so hielt auch Walzer selbst öffentliche Reden gegen den Vietnamkrieg, da er diesen als nicht gerecht empfand.[24] Er wird dem linksliberalen Spektrum zugerechnet und bezeichnete sich selbst in einem Interview, nach europäischen Maßstäben gemessen, als einen Sozialdemokraten.[25]

Seine Theorie vertritt die Annahme, dass es grundsätzlich gerechte Kriege geben kann, wenn diese moralisch legitimiert sind. Es handelt sich also um eine nicht-pazifistische[26] Theorie. Walzer teilt die Legitimation für Kriege in das *ius ad bellum* (Recht, Krieg zu führen bzw. Recht vor dem Krieg), das *ius in bello* (Recht während des Krieges) und das *ius post bellum* (Recht nach dem Krieg) ein. Das *ius ad bellum* ist insbesondere dann gegeben, wenn ein gerechter Kriegsgrund (*just cause*) vorliegt, was prinzipiell bei jedem Verteidigungskrieg zutrifft. Unter bestimmten Umständen [27] kann auch das Eingreifen in einen Bürgerkrieg oder ein Präventivschlag gerechtfertigt sein. Präventivkriege hingegen können nicht legitimiert werden. Um das Recht während des Krieges zu gewährleisten, ist die Einhaltung bestimmter völkerrechtlicher Verbindlichkeiten, die ihrerseits auf konsensualen internationalen ethischen Grundprinzipien aufbauen, zu gewährleisten. [28] Das *ius post bellum* besagt, dass auch nach dem Krieg eine Verantwortung für den gerechten Kriegsführenden vorlirgt.[29]

Die *JWT Theorie* ist dem idealistischen Arm der Liberalen Theorieschule zuzuordnen. [30] Der Idealismus hebt die Bedeutung von Moral und Recht (*soft power*) hervor, sieht die Geschichte als Lernprozess und vertritt die Annahme, dass eine bessere und gerechtere Welt prinzipiell möglich und durch Institutionen wandelbar ist. Es herrscht die Auffassung eines positiven Menschenbildes, also des lernenden, aufgeklärten und nach Fortschritt strebenden Menschen. [31] Die

---

[24] SRF Kultur, Sternstunde Philosophie
[25] SRF Kultur, Sternstunde Philosophie
[26] *Pazifismus, Bezeichnung für polit. Bewegung, deren utopische → Ideologie seit dem 19. Jh. Die gewaltlose Verwirklichung einer inner- wie zwischenstaatl. Friedensordnung zum obersten Prinzip erhebt. (Band 2, Nohlen und Schultze, S.727)*
[27] z.B. zum Schutz von *innocents*
[28] Vgl. Stahl, S.149 ff.
[29] Das ius post bellum ist allerdings viel umstrittener als die beiden anderen Kriterien; oft wird auch die Ansicht vertreten, es wäre ein vernachlässigbarer bis wegzulassender Maßstab. Er wurde erstmal von Emmanuel Kant in die Theorie des gerechten Krieges eingeführt.
[30] Vgl. Stahl, S.150 f.
[31] Vgl. Stahl, S.27 ff.

Analyseebene nach Waltz ist das *3rd image*[32]. Allerdings werden in dieser Seminararbeit bei der Anwendung der Theorie neben dem *3rd image* sowohl das *1st image* (z.b. das Agieren einzelner Personen wie Churchill und Harris) als auch das *2nd image* (z.b. der gesellschaftliche Diskurs in Großbritannien über die Bombardements) betrachtet, um ein umfassenderes Verständnis der Akteurkonstellationen und -beziehungen zu erhalten.

2.2 Deskription: *moral bombing*

Zunächst soll die historische Entwicklung der *moral bombing* oder auch Flächenbombardement-Strategie skizziert werden. Daraufhin wird der Verlauf des Bombenkriegs in Deutschland dargelegt. Abschließend wird der gesellschaftliche Diskurs der Alliierten über die Bombardements aufgezeigt.

2.2.1 Die Entwicklung der *moral bombing* Strategie

Während des italienisch-osmanischen Krieges wurde am 1. November 1911 bei Tripolis erstmalig eine Bombe durch ein Flugzeug auf Zivilisten, im Rahmen einer Vergeltungsaktion, gegen die arabische Bevölkerung, vom italienischen Leutnant Giulio Cavotti abgeworfen. [33] Im ersten Weltkrieg stellte der Luftkrieg noch einen Nebenschauplatz dar. Doch auch hier wurden bereits Bomben, sowohl von Seiten der Entente,[34] als auch von den Mittelmächten,[35] gegen die Zivilbevölkerung eingesetzt. Bereits zur damaligen Zeit existierte der Glaube, die Moral der feindlichen Bevölkerung beeinträchtigen zu können. So forderte der spätere Premierminister und damaliger Rüstungsminister Winston Churchill 1919 in diesem Sinne, für den Fall, dass der Krieg fortgesetzt werden würde, einen „Tausend-Bomber- Angriff" auf Berlin.[36] Auch in den

---

[32] Analyseebene nach Waltz (*Level of Analysis*): es werden verschiedene Annahmen getroffen, mit welcher Analyseebene die Vorgänge der internationalen Beziehungen am besten erklärt werden können. Kenneth Waltz teil hierzu die Ebenen in 1st image (→Individuen als Ursache), 2nd image (→gesellschaftliche Akteure als Ursachen) und 3rd image (→internationales System als Ursache) ein.
  Mehr hierzu siehe Stahl, S. 26
[33] www.bbc.com/news/world-europe-13294524
[34] Militärbündnis bestehend aus Großbritannien, Frankreich, Russland (und Serbien)
[35] Militärbündnis des Deutschen Reichs, Österreich-Ungarn mit späterem Einbezug des Osmanischen Reiches und Bulgarien
[36] Vgl. Schumacher, S. 51 f.

20er und 30er Jahren wurden aufständische Kolonialvölker häufig zu Opfern von Bombardements durch ihre Besatzer.[37]

Die ursprüngliche Entwicklung der *moral bombing* Strategie geht auf den Italiener Gioulio Douhet zurück. Dieser war General während des Ersten Weltkriegs und schrieb 1921 in „*Il dominio dell`aria*" (Luftherrschaft) seine Theorie für eine erfolgreiche Luftkriegsführung nieder, auf der die spätere *Royal Air Force* (RAF) Strategie aufbauen sollte.[38] Seine Hauptthese besagt, dass Luftangriffe auf feindliche Zivilisten die Moral der Bevölkerung brechen, und die Regierung somit zu Friedensverhandlungen zwingen würden. Douhet argumentiert, dass Kriegsmittel nicht in menschliche und unmenschliche zu unterteilen sind. Die einzige Unterscheidung liegt im Schaden, welcher dem Gegner zugefügt wird. Daraus erfolgt das Recht, alle vorhandenen Mittel für den Sieg zu benutzen.[38] Da der Krieg durch massive Bombardements auch schneller zu gewinnen sei, und somit weniger Opfer fordern würde, wäre er letztendlich auch „humaner".[39]

Nach dem Ersten Weltkrieg begann Sir Hugh Trenchard, ein einflussreicher Stabschef der *RAF* von 1919-1929, diese gemäß Douhets Theorie aufzubauen. „*Die demoralisierende Wirkung großflächiger Luftschläge hielt er für zwanzigmal wichtiger als deren materielle Folgen.*"[40] Die nach ihm benannte *Trenchard-Doktrin* richtete die britische Luftwaffe, insbesondere durch den Aufbau einer Langstreckenbomberflotte, auf die spätere britische Luftkriegsführung aus.[41]

---

[37] Vgl. Grayling S. 154 f.
[38] Vgl. Schumacher, S.195 f., nach G. Douhet, Luftherrschaft, S.67
[39] Vgl. Grayling, S.152 ff.
[40] Schumacher, S. 52 f., nach L. Fritze, Die Moral des Bombenterrors, S. 29
[41] Vgl. Schumacher, S.52 f.

2.2.2 Der Bombenkrieg in Deutschland

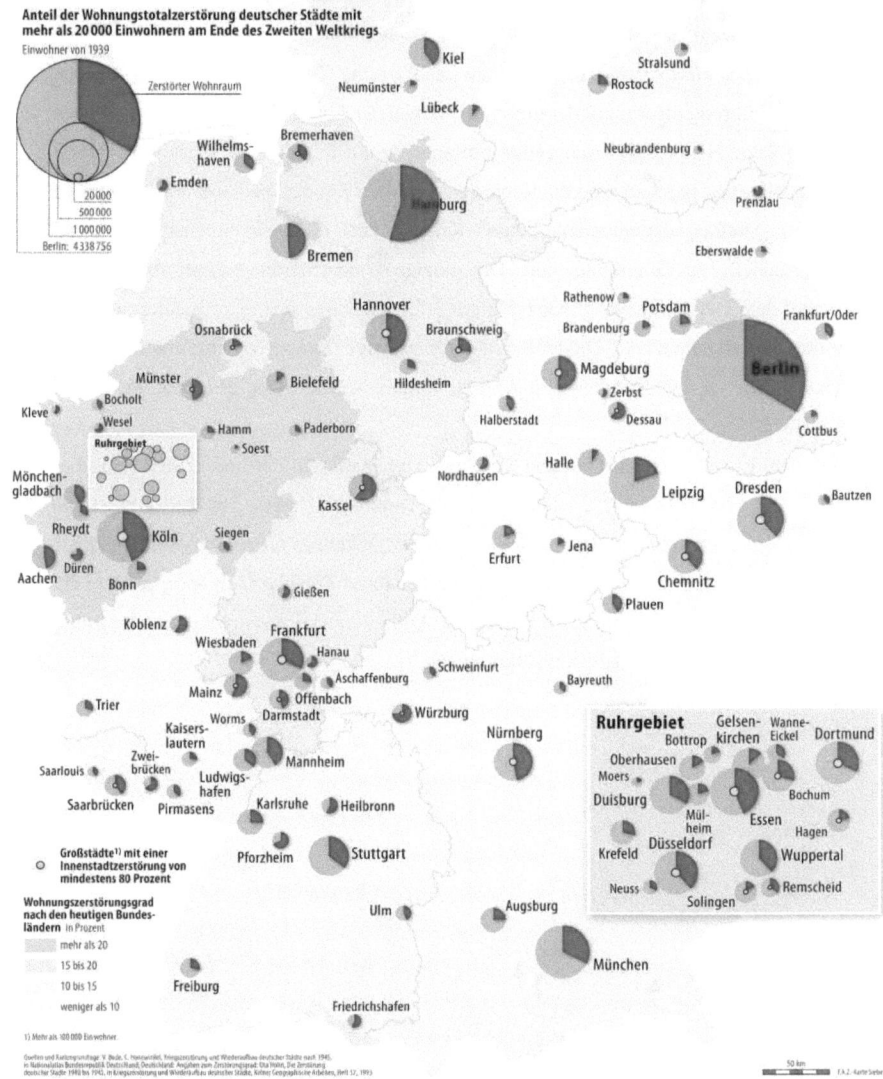

Kühn, Oliver: Was heißt hier Erfolg? bei Frankfurter Allgemeine (08.05.2015), unter
http://www.faz.net/aktuell/politik/70-jahre-kriegsende/das-moral-bombing-der-
alliierten13580689/infografik-zerbombte-staedte-13581175.html (abgerufen am 30.04.2018)

Zu Beginn des Zweiten Weltkrieges appellierte der amerikanische Präsident Roosevelt an alle Nationen, zum Schutz der Zivilisten auf großangelegte Flächenbombardements von Städten zu verzichten.[42] In den ersten Jahren des Krieges hielten sich alle Parteien auch überwiegend an diesen Aufruf. Bis 1941 griffen beide Seiten, oftmals unter hohen Verlusten, primär militärische Ziele an.[43] Als erster Wendepunkt kann der Rücktritt des britischen Premierminister Neuville Chamberlain, der einen „totalen Krieg"[44] gegen Zivilisten explizit ausgeschlossen hatte[45], am 10. Mai 1940, als Folge auf den deutschen Einmarsch in den Niederlanden gesehen werden. Sein Nachfolger Winston Churchill, ein *moral bombing* Anhänger, lies den ersten Großangriff des *Bomber Command* auf Deutschland in der Nacht vom elften zum zwölften Mai durchführen.[46] Weitere Schritte hin zur Eskalation waren die deutschen Bombardements auf Rotterdam am 14. Mai mit ca. 900 Toten (die britische Propaganda sprach von 30.000 Toten), der Bombenangriff auf Coventry am 14. November 1940 mit ca. 1000 Toten und der Zerstörung seiner berühmten Kathedrale, sowie weitere Tagesangriffe auf London. Die deutsche Luftwaffe flog also auch unterschiedslose Angriffe[47] gegen britische Städte, hauptsächlich wurde sie allerdings zur Unterstützung von Bodentruppen und der Zerstörung von militärischen und wirtschaftlichen Objekten eingesetzt. Außerdem besaß die deutsche Luftwaffe keine wirklichen schweren Langstreckenbomber. Welche Seite als erstes einen unterschiedslosen Angriff gegen eine feindliche Stadt flog, ist bis heute umstritten.[48]
Am 25. Oktober wurde ein Anhänger von Flächenbombardements, Sir Arthur Charles Portal zum Generalstabschef der *RAF* befördert. Dies trug entscheidend zur strategischen Neuausrichtung des *Bomber Command* bei.[49] So wurden am 16. Dezember

---

[42] Vgl. Grayling, S.36 f.
[43] Schumacher, Vgl. S.54 f.
[44] Totaler Krieg: Auseinandersetzung zwischen hochindustrialisierten Massengesellschaften in der kaum noch eine Unterscheidung zwischen Kombattanten und Nicht- kombattanten getroffen wird. „*Sein Ziel ist die völlige Vernichtung des zum absoluten Feind erklärten Gegners (...) in denen der Gewaltanwendung im Prinzip keine Schranken gesetzt sind, in deren Rahmen alle zur Verfügung stehenden militärischen, wirtschaftlichen und personellen so gründlich ausgeschöpft werden, dass die gesamte Gesellschaft der kriegsführenden Staaten in irgendeiner Form direkt oder indirekt am Krieg beteiligt und der Tendenz nach das gesamte soziale und politische Handeln auf den Krieg ausgerichtet ist"* (Meyers, Reinhard S.27). Bekannt ist der Ausdruck auch aus der *Sportpalastrede* in Berlin von Joseph Göbbels am 18. Februar 1943, als dieser den *totalen Krieg* ausrief.
[45] Vgl. Schumacher, S.15 f.
[46] Vgl. Grayling, S.45 f.
[47] Unterschiedsloser Angriff: Das Töten von Zivilisten ist neben der Zerstörung von taktischen Zielen wie Fabriken, ein explizites Ziel und kein Kollateralschaden, wie bei einem strategischen Angriff
[48] Vgl. Schumacher, S.300 ff.
[49] Vgl. Grayling, S.53 f.

1940 deutsche Zivilisten zum ersten Mal unmittelbares Ziel eines Angriffs auf Mannheim,[50] Ein knappes Jahr später, am 9. Juli 1941 erfolgte eine *RAF-Direktive*, in der neben der Zerstörung des deutschen Transportsystems auch die Vernichtung der Moral der Zivilbevölkerung, insbesondere von Industriearbeitern durch Bombardements gefordert wurde. In der *Area Bombing Directive* vom 14. Februar 1942 wurde die Zerstörung der Kampfmoral der feindlichen Zivilbevölkerung zum *„primary object"* erklärt. So sagte auch Portal im Zuge der Direktive, *„Ich nehme an, es ist klar, dass die Zielpunkte die Wohngebiete sein sollen und beispielsweise nicht Werften oder Flugzeugfabriken. Das muss ganz deutlich gemacht werden, falls es noch nicht verstanden worden ist."* [51] Am 22. Februar wurde Arthur Harris, ebenfalls *moral bombing* Befürworter, der bereits in den 20er Jahren als Befehlshaber auf einem irakischen Stützpunkt Erfahrungen mit Bombardierungen gemacht hatte, zum Chef des strategischen Bomberkommandos ernannt.[52] Spätestens zu diesem Zeitpunkt kann *moral bombing* als die Strategie der britischen Luftkriegsführung angesehen werden. Offiziell richteten sich die Angriffe nach wie vor auf strategische Ziele wie Verkehrswege, Fabriken und Rohstofflager.

Parallel zu der Veränderung der Strategie wurden Produktivität und Technik von Kampfbombern stetig erhöht. Ab 1940, beziehungsweise 1942 wurden erstmals schwere viermotorige Bomber, die Halifax und die Lancaster, mit verbesserten Navigationssystemen und mit bis zu zweieinhalb so viel Tragkraft wie ihre Vorläuferin, die zweimotorige Wellington, eingesetzt. Waren zu Beginn des Jahres 1940 nur 70 schwere Bomber pro Tag einsatzfähig, so waren es 1943 ca. 450, und 1945, mit Unterstützung der Mustang und Lightning der *United States Army Air Forces* (kurz: *USAAF*), mit der die *RAF* ihre Angriffe ab 1944 abstimmte, ca. 2`000 Bomber pro Tag.[53] In der Regel konzentrierten sich die britischen Nachtangriffe hierbei auf Städte und die amerikanischen Tagesangriffe auf Produktionsstätten.[54] Es ist also festzuhalten dass *moral bombing* die britische, nicht aber die amerikanische Strategie darstellte.[55] Seit

---

[50] Vgl. Schumacher, S.56 f., nach R. Neillands, Krieg der Bomber, S.61; H. Boog, Der anglo-amerikanische strategische Luftkrieg über Europa und die deutsche Luftverteidigung, S.462 f.
[51] Schumacher, S.57, nach H. Boog, Britische Luftkriegsdoktrin, S.57-60
[52] Vgl. Schumacher, S.58
[53] Vgl. Grayling S.72 f.
[54] Vgl. Grayling, S.79 f.
[55] Dies betrifft allerdings nur den europäischen Raum. In Asien verfolgte die *USAAF* sehr wohl das Konzept des *moral bombing*. So starben durch *moral bombing* in Japan sogar mehr Zivilisten als durch die beiden Atombombenabwürfe auf Nagasaki und Hiroshima. Allein bei Angriffen im Februar und März 1945 wurden in Tokio über 100`000 Personen getötet.

1944 existierte die Luftherrschaft der Alliierten über Deutschland: 14.000 einsatzfähigen alliierten Flugzeugen pro Tag standen etwa 1.000 Deutsche entgegen. Den immer besser durch Geleitjägern geschützten alliierten Bombern konnte also immer weniger entgegengehalten werden.[56]

Am 27./28. Juli 1943 wurde durch die bereits in der Einleitung beschriebene *Operation Gomorrha* eine neue Eskalationsstufe erreicht. Konnte dieser „langersehnte Erfolg" nun einen Einbruch der deutschen Moral erzielen? Dr. Christoph Kucklick schreibt in der GEO Epoche: *„Die Arbeitsmoral bricht nach der Katastrophe zusammen. Auf der weitgehend unzerstörten Werft Blohm und Voss sind vor dem Angriff 9.400 Menschen beschäftigt, danach melden sich nur noch 300 zur Schicht. Aber kaum jemand vermag noch an Arbeit zu denken. Jeder bringt sich und seine Angehörigen in Sicherheit. Trotz ausdrücklicher Verbote setzten sich auch Einsatzleiter und führende Beamte ab (...). Doch die verzweifelte Stimmung schlägt nicht in Auflehnung gegen das NS-Regime um. Wer ausgebombt ist, sucht nicht Revolte, sondern: eine heiße Suppe. (...) Und allmählich kehrt wieder Leben in die Stadt zurück. Am 11. August, zwei Wochen nach der Katastrophe, stellen Briefträger wieder die Post zu. (...) Am 20. zeigt der UFA Palast den Film „Geliebter Schatz" mit Sonja Ziemann."* [57] Auch eine nachhaltige Beeinträchtigung der Produktion wurde nicht erreicht.[58]

In der Vorbereitung und Unterstützung der alliierten Invasion in Frankreich am 6. Juni 1944 erfolgte ab März im späteren Invasionsraum und dann ab Oktober 1944 im Reichsgebiet eine der größten alliierten taktischen Operationen während des Zweiten Weltkrieges. Der „Öl und Verkehrskrieg", *„also gezielte Luftattacken gegen Raffinerien, Treibstofflager, Verkehrswege und „Bottleneck"- bzw. Schlüsselindustrien. (...) Die Ergebnisse waren beeindruckend. Von März bis Juni 1944 halbierte sich die deutsche Treibstofferzeugung."* [59] Der deutsche Rüstungsminister Albert Speer sprach daraufhin von einer produktionstechnischen Niederlage des Krieges. *Moral Bombing*-Hardliner Arthur Harris selbst bestätigte 1947: *„Der Triumph der Anti-Öl-Offensive war komplett und unbestreitbar."* [60] Zu beachten ist, dass bei der strategischen Luftoffensive nach Möglichkeit Verluste unter der französischen Zivilbevölkerung vermieden wurden.

---

[56] Vgl. Grayling S.82 f.
[57] GEO Epoche S.48 ff.
[58] Vgl. Garrett S.162 f., nach Robin Cross, The Bombers (New York: Macmillan Publishing Company, 1987), S.144 f.
[59] Schumacher, S. 86 ff.
[60] Schumacher, S.87 f., nach A. Harris, Bomber Offensive, S. 233

Großangelegte Präzisionsangriffe mit weitgehender Rücksichtnahme auf Zivilisten waren also möglich. [61] Seine Vorgesetzten drängten Harris darauf, auch weiterhin strategische Ziele zu fokussieren. Doch dieser, nach wie vor fest davon überzeugt den Krieg allein durch *moral bombing* gewinnen zu können, drohte dem mittlerweile weniger von Flächenangriffen begeisterten Portal mit Rücktritt und konnte sich schließlich durchsetzen, so dass die *RAF* in den letzten Kriegsmonaten wieder über 90% ihrer Angriffe gegen deutsche Städte flog. [62] Daraus erfolgten in den letzten Kriegsmonaten die schwersten Flächenbombardements auf Deutschland während des Zweiten Weltkrieges, die hohe zivile Opferzahlen forderten.

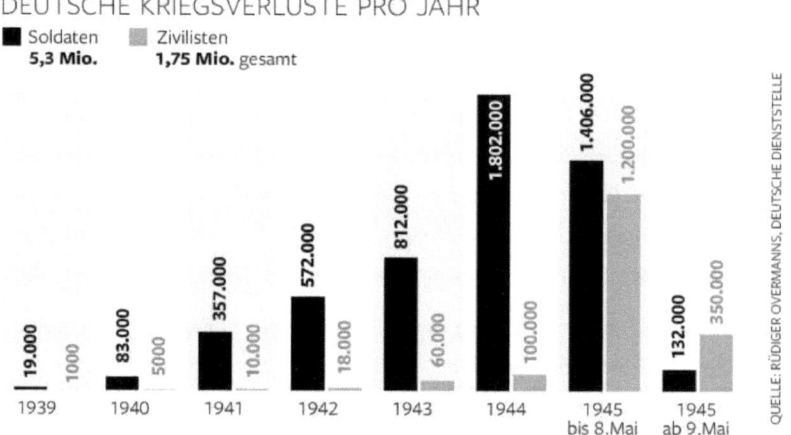

Sven Felix Kellerhof: Pro Stunde starben 100 Deutsche, bei Welt (12.05.2015), unter https://www.welt.de/img/geschichte/zweiter-weltkrieg/mobile140814536/7262501207-ci102lw1024/DWO-KU-Zweiter-Weltkrieg- Kriegsverluste-cw-Aufm-jpg.jpg (abgerufen am 30.04.2018), nach Rüdiger Overmanns, Deutsche Dienststelle.

Zu beachten ist allerdings, dass auch nicht durch Bombardements getötete Zivilisten in die Statistik miteinberechnet wurden.

Den Höhepunkt stellte der Angriff auf Dresden vom 13.-15. Februar 1945 dar. Wie viele Menschen dem Angriff zum Opfer fielen ist bis heute höchst umstritten. Die damalige Stadtverwaltung gab 25.000 Tote an, später, in der DDR, wurde von 35.000 Toten gesprochen. Es wird aber mit einer hohen Dunkelziffer gerechnet. So gehen

---

[61] Vgl. Grayling, s.84 f.
[62] Vgl. Grayling, S. 87 ff.

verschiedene aktuellere Schätzungen von 80.000-150.000 Toten aus.[63] Ab dem März 1945 begann die *RAF,* auf Ersuchen Churchills, mit der Einstellung der Flächenbombardements. Insgesamt wurden durch alliierte Bombardements in Deutschland während des Krieges, ca. 600.000-700.000 Menschen getötet und ca. ein Drittel aller Häuser zerstört. Auf britischer Seite gab es ca. 60.000 tote Zivilisten und 55.000 tote Soldaten des *Bomber Command.* Weitere Opfer sind in den von Deutschen besetzten Gebieten zu beklagen. So kamen zum Beispiel in Frankreich, sowohl durch deutsche als auch durch alliierte Bomben, etwa 67.000 Menschen ums Leben.[64]

Erfolge in Bezug auf die Beeinträchtigung des Durchhaltevermögens der Zivilbevölkerung oder die deutsche Produktion blieben jedoch aus. So konstatierte der Chef des britischen *Staff Joint Intelligence Committee* im Juni 1944: *„There is no evidence to suggest that the Allied bombing may shortly foment any effective opposition to the regime, or that the stamina and discipline of the German people have deteriorated to such an extent that a collapse may be considered likely within the next month or so." (…) Area Bombing was most unlikely to fomet such chaos as might lead to a collapse of the home front."*[65]

Zusammenfassend lässt sich also sagen, dass *moral bombing* bzw. das Absolvieren von Flächenbombardements in Europa während des Zweiten Weltkrieges ausschließlich die britische Strategie der Luftkriegsführung darstellte. Ihr mangelnder Erfolg war der alliierten Führung spätestens ab 1944, wie belegt wurde, durchaus bewusst. Es wurde trotzdem, insbesondere auf die Initiative von Arthur Harris, fortgeführt. Die heftigsten Angriffe wurden in den letzten Monaten vollzogen, als der Sieg der Alliierten bereits feststand. Eine Beeinträchtigung der deutschen Kriegsproduktion wurde hingegen durch Angriffe auf taktische Ziele, insbesondere durch den „Öl und Verkehrskrieg" im Rahmen der Invasion in Frankreich, erreicht. Hierbei wurde auch, nach Möglichkeit, auf die Tötung von Zivilisten verzichtet.

---

[63] Vgl. Schumacher S.40 ff.
[64] Vgl. Schumacher S.88 ff.
[65] Garrett, S.166 nach F. H. Hinsley, British Intelligence in the Second World War, Volume 3, Part 1, S. 307, 516

2.2.3 Der gesellschaftliche Diskurs der Alliierten über den Bombenkrieg in Deutschland

Offiziell richteten sich die Luftangriffe gegen strategische und nicht gegen zivile Ziele. So bekundete beispielsweise Luftfahrtminister Sinclair am 31. März 1943 im britischen Unterhaus, das *Bomber Command* würde ausschließlich strategische Ziele angreifen und tote Zivilisten seien unbeabsichtigte Kollateralschäden.[66] Doch es war allgemein bekannt, zum Beispiel durch Äußerungen von hohen britischen Beamten, die offen über „Vergeltungsmaßnahmen" sprachen[67] und Erzählungen durch *RAF* Piloten, dass auch gezielt Wohngebiete und somit Zivilisten bombardiert wurden.

Die Flächenbombardements der *RAF* waren durchaus umstritten und wurden in der britischen Gesellschaft teils vehement debattiert. Winston Churchill sowie die meisten weiteren Mitglieder der britischen Regierung, der überwiegende Teil der Presse und die Mehrheit der Bevölkerung, natürlich von britischer Propaganda beeinflusst, befürworteten Bombenangriffe gegen die deutsche Zivilbevölkerung.[68] Eine gerechte Kriegsführung war dennoch vielen Menschen wichtig. Anfang 1944 artikulierte ca. ein Viertel der britischen Bevölkerung Unbehagen gegen die eigene Luftkriegsführung.[69] Der Protest wurde von Mitgliedern der *Church of England* sowie öffentlichen Intellektuellen, insbesondere der Pazifistin Vera Britain angeführt, dem sich einige Parlamentarier im Unter- und Oberhaus anschlossen. Ihr Buch *Seeds of Chaos* führte zu einer großen Empörungswelle in Großbritannien und den USA, und sie nannte Flächenbombardements eine „Politik des Massenmordes."[70] Der Bischof von Chichester und Gründer der *Abolition of Night Bombing* George Bell, argumentierte: *„Ich verlange, dass die Regierung Stellung bezieht zur Politik der Bombardierung feindlicher Städte im gegenwärtigen Umfang, insbesondere hinsichtlich von Zivilisten, Nichtkombattanten sowie nichtmilitärischen Zielen. Ich bin mir darüber völlig im klaren, dass bei Angriffen auf Zentren der Kriegsindustrie und des Transportwesens die Tötung von Zivilisten, soweit sie sich als Resultat einer in gutem Glauben durchgeführten Militäraktion ergibt,*

---

[66] Vgl. Schumacher, S. 120 nach O. Groehler, Bombenkrieg gegen Deutschland S. 427, und R. Neillands, Der Krieg der Bomber, S.307
[67] so forderte Winston Churchill öffentlich im amerikanischen Kongress die Einleitung des *wünschensweten und notwendigen Prozess` japanische Städte in Schutt und Asche zu legen bevor wieder Frieden einkehren könnte*
[68] Vgl. Schumacher S.121
[69] Grayling, S.222 ff.
[70] Vgl. Grayling, S.206 f.

unvermeidlich ist. Aber hier muss eine Verhältnismäßigkeit zwischen den eingesetzten Mitteln und dem erreichten Zweck bestehen. Eine ganze Stadt auszulöschen, nur weil sich in einigen Gegenden militärische und industrielle Einrichtungen befinden, negiert die Verhältnismäßigkeit. "[71] In diesem Zusammenhang ist auch eine Umfrage über die Einstellung der Bombardements deutscher Städte interessant. Hierbei stimmten im stark bombardierten London 47 % für die Fortführung und 45 % dagegen. In nicht-bombardierten Regionen stimmten hingegen 76 % für dessen Fortführung.[72] Vergeltung wurde also stärker von jenen gefordert, die selbst keine direkten Betroffenen des Bombenkriegs waren. Auch in den USA wurde die Kontroverse ausgetragen. Nach dem amerikanischen Angriff auf Dresden titelten amerikanische Zeitungen über gezielten Bombenterror gegen deutsche Bevölkerungszentren als skrupelloses Mittel für den Untergang Hitlers. [73] Der Direktor des Nachrichtendienstes der amerikanischen Luftstreitkräfte Brigadegeneral George McDonald reagierte 1944 empört über die Übernahme der *moral bombing* Doktrin für den asiatischen Raum und verwies auf ihre Erfolglosigkeit.[74]

Es ist also festzuhalten, dass *moral bombing* während des Zweiten Weltkrieges zu keiner Zeit unumstritten war und im öffentlichen Raum durchaus debattiert wurde. Zu einer Änderung der alliierten Luftkriegsführung konnte dies jedoch nicht beitragen.

2.3 *moral bombing*: vereinbar mit dem gerechten Krieg?

Da es sich bei *moral bombing* um eine bestimmte Art der Kriegsführung handelt, muss sie mit dem *ius in bello* überprüft werden. Der Vollständigkeit halber soll aber zunächst kurz auf das *ius ad bellum* sowie das *ius post bellum* aus Sicht der Alliierten eingegangen werden.

Für das Recht, Krieg zu führen *(ius ad bellum),* spricht, dass es sich aus alliierter Sicht um einen Verteidigungskrieg gegen das aggressive und faschistische Deutsche Reich handelte *(right intentions)*. Auch kann die Bekämpfung der Deutschen als letzte Möglichkeit angesehen werden, da zuvor, zum Beispiel durch die *Appeasement-*

---

[71] Schumacher S.119 ff.
[72] Vgl. Grayling, S. 214 f.
[73] Vgl. Grayling S.90 f.
[74] Vgl. S. 81 f., Schumacher

Politik[75] der Briten und das Münchener Abkommen[80] versucht wurde, Hitler entgegen zu kommen und einen Kriegsausbruch zu verhindern *(last resort)*. Auch trug der Krieg zur Beendigung von Kriegsverbrechen wie des Holocausts[76] und der Befreiung der von den Deutschen besetzten Gebiete *(just cause)* bei. Das Eingreifen wurde durch demokratische Institutionen in den jeweiligen Ländern bewilligt *(right authority)* und verbesserte die Aussicht auf eine spätere Weltfriedensordnung *(reasonable prospects)*. Zu beanstanden wäre, dass die „Gerechten" ein Bündniss mit der „ungerechten" Sowjetunion eingingen, [77] die unter Stalin ebenfalls eine höchst aggressive Außenpolitik [78] verfolgte und eine Innenpolitik betrieb, deren Folge Millionen tote Zivilisten waren.[79] Im Großen und Ganzen ist das *ius ad bellum* aber ohne Zweifel gegeben.

Da sich die Alliierten [80] in Deutschland nach dem Krieg für eine freiheitlich-demokratische Grundordnung und die Geltung von Menschenrechten einsetzten, ist das *ius post bellum* ebenfalls gegeben.

Im folgenden Abschnitt soll nun, unter Anwendung des *ius in bello* geprüft werden, welche Argumente für und welche gegen eine Legitimation von *moral bombing* sprechen. Im ersten Schritt soll eine mögliche moralische, und im zweiten Schritt eine juristische Legitimation überprüft werden. Darauf aufbauend soll festgestellt werden, inwiefern *moral bombing* mit dem gerechten Krieg vereinbar ist.

---

[75] *„(engl. Für Beschwichtigungspolitik), Charakterisierung der brit. Außenpolitikgegenüber D zwischen den beiden Weltkriegen. Diese setzte auf eine polit. Mit dem besiegten D und erhoffte sich davon die Stabilisierung friedlicher Verhältnisse in Europa Ihren Höhepunkt erreichte die Appeaement-Politik mit der Reaktion Londons auf die expansive Gewaltpolitik Hitlers. (S.26 f., Band 1, Nohlen und Schultze)* [80] In Folge der *Sudetenkrise* bewilligten Großbritannien und Frankreich die Annexion der Sudetengebiete des Deutschen Reiches von der Tschechoslowakei.
[76] Holocaust: von 1941-1945 wurden in Europa durch die Deutschen und ihre Unterstützer ca. sechs Millionen Juden in Konzentrationslagern, im Zuge des nationalsozialistischen Völkermordes, systematisch mit industriellen Verfahren ermordet
[77] Vgl. Schumacher S.136-137
[78] So zum Beispiel der sowjetische Überfall auf Ostpolen am 17. Dezember 1939 kurz nach dem deutschen Einmarsch ohne Kriegserklärung, oder auch der Sowjetisch-Finnische Krieg von 1939/40
[79] Zu nennen wären die innenpolitischen Säuberungen in 20er und 30er Jahren, der „Große Terror" von 19361938 der laut dem *Schwarzbuch des Kommunismus* bis zu 20 Millionen Tote forderte und die von Stalin ausgelöste Hungersnot in der Ukraine („Holodomor"), die ebenfalls mehrere Millionen Tote forderte
[80] Auch hier wäre das Verhalten der Sowjetunion in der DDR insofern zu kritisieren, als dass es sich nicht für den Aufbau einer demokratisch-freiheitlichen Grundordnung einsetzte

2.3.1 Moralität der Flächenbombardements

Nach Walzer gilt das *ius in bello* unabhängig vom *ius ad bellum*. [81] Ein *ius ad bellum* rechtfertigt also nicht automatisch jede Handlung, vielmehr muss die Kriegsführung getrennt vom Recht Krieg zu führen, überprüft werden. Folglich also auch die der Alliierten im Zweiten Weltkrieg, wo das *ius ad bellum* gegeben war. Entscheidender Bestandteil des *ius in bello* ist die Frage nach der Verhältnismäßigkeit *(proportionate means)*. Die eingesetzten Mittel müssen in angemessenem Verhältnis zu dem zu erreichenden Zweck stehen. Es stellt sich also die Frage, inwiefern Flächenbombardements als geeignetes und verhältnismäßiges Mittel, aus Sicht der zur damaligen Zeit handelnden Akteure betrachtet werden können, zur Durchsetzung der Kriegsziele, dem militärischen Sieg über Deutschland, beizutragen.

Ist die Tötung von Zivilisten überhaupt mit der Theorie des gerechten Krieges vereinbar? Folgt man pazifistischen oder gesinnungsethischen [82] Imperativen, wie dem fünften christlichen Gebot, *„Du sollst nicht töten"*, müsste man diese Frage verneinen. Die Frage ob Menschenleben gegeneinander aufgerechnet werden dürfen, spaltet seit jeher die Gemüter. Bei der *JWT* handelt es sich allerdings um eine verantwortungsethische[83] und utilitaristische[84] Theorie. Das Töten von Zivilisten in Kriegen ist gerechtfertigt, wenn es verhältnismäßig, also zum Erreichen der Kriegsziele geeignet und erforderlich ist, da kein milderes Mittel zur Verfügung steht. Es gilt die *Doktrin der Doppelwirkung*.[85] So könnte man argumentieren, dass bei gezielten Angriffen auf taktische Einrichtungen wie z.B. ein Treibstofflager auch umherstehende *innocents*, möglicherweise sogar

---

[81] Vgl. Walzer, S.191

[82] *„Gesinnungsethik, von Max Weber in Abgrenzung zu → Verantwortungsethik geprägter Begriff für eine ethische Grundorientierung, welche die unbedingte Befolgung bzw. Durchsetzung der eigenen -> Werte und Prinzipien ohne Rücksicht auf eventuelle Folgen verlangt"* (Band 1, Nohlen und Schultze, S.319 f.)

[83] *„Verantwortungsethik, im Ggs. Zur → Gesinnungsethik eine Ethik polit. Handelns, die bei polit. Entscheidungen vorhersehbare Folgekosten wie mögliche Nebeneffekte berücksichtigt und bereit ist, die Verantwortung für die Konsequenzen ihrer Politik zu trage, ohne sich durch die Berufung auf höhere Mächte, das Schicksal oder den Gang der Geschichte zu entlasten."* (Band 2, Nohlen und Schultze, S. 1133 f.)

[84] *„Utilitarismus (von lat. utilis =nützlich), Nützlichkeitslehre die sowohl eine ethische als auch eine erklärende → Theorie des sozialen Handelns meint. (...) Höchstes Gut ist im letzten Sinne das aus einem hedonistischen Kalkühl gewonnene „größte Glück der größten Zahl"* (Band 2, Nohlen und Schultze, S.1129 f.)

[85] Doktrin der Doppelwirkung: *„Schädigungshandlungen sind legitim, wenn die Schädigung eine unabsichtliche Nebenwirkung des Strebens nach Verwirklichung eines legitimen Ziels ist."* (Grayling, S.245 f.). Wenn ein Arzt einem Patienten Morphium gibt, wird diesem zwar ein Schaden zugefügt, dies ist jedoch eine unvermeidbare Nebenwirkung für das legitime Ziel, die Genesung

Kriegsgefangene oder jüdische Zwangsarbeiter, getötet werden. Diese Kollateralschäden sind aber zur Erreichung höherer Ziele, dem Sieg über Deutschland, unvermeidlich und stehen somit in einem angemessenen Verhältnis. *„Sie* (die Soldaten) *sollten sogar bis zum äußersten gehen, um den Krieg so schnell wie möglich zu beenden; die Regeln des Krieges schließen nur sinnlose oder willkürliche Gewalt aus. "*[86] Die *JWT* erlaubt also explizit das Töten von Zivilisten, wenn es verhältnismäßig ist. Unverhältnismäßige Kampfhandlungen sind hingegen als nicht rechtmäßig anzusehen.

Wie bereits dargelegt wurde, hatte *moral bombing* keinen nennenswerten Einfluss auf die deutsche Moral und war in diesem Sinne somit unverhältnismäßig. Maßnahmen gegen den Kriegswillen der feindlichen Zivilbevölkerung durch Bombardierungen werden durch die *JWT* prinzipiell ausgeschlossen. So argumentiert Walzer: *„Die systematische Terrorisierung der Bevölkerung ganzer Länder ist eine Strategie, die wir sowohl im konventionellen wie auch im Guerillakrieg finden können (…). Diese Strategie soll dazu dienen, die geistige Verfassung eines Volkes oder einer Klasse zu untergraben und auszuhöhlen; ihre Methode ist der wahllose Mord Unschuldiger. (…) Die Engländer beschrieben das „erste und letzte Ziel" ihrer Terrorbombardierungen genauso; was sie anstrebten war die Moral der Zivilbevölkerung. "*[87]

Auch die Tötung von Arbeitern führte, wie bereits ausgeführt zu keiner nennenswerten Beeinträchtigung der deutschen Kriegsproduktion. Nach der *JWT* dürfen Arbeiter angegriffen werden, wenn es militärisch notwendig ist und sie unmittelbar mit der Herstellung von Kriegsgütern beschäftigt sind. In ihren Wohngebieten dürfen sie hingegen nicht angegriffen werden, insbesondere wenn es effizientere Möglichkeiten gibt, ihrer Tätigkeit Einhalt zu gebieten,[88] was durch strategische Angriffe (siehe „Öl- und Verkehrskrieg") der Fall gewesen wäre. Weiterhin war es natürlich überhaupt nicht möglich die Arbeiterviertel so gezielt zu bombardieren, dass nur Arbeiter getötet wurden. Familienangehörige und Nachbarn fielen den Angriffen in einem so hohen Maße ebenfalls zum Opfer, dass es jeglicher Vorstellung von Verhältnismäßigkeit wiedersprechen würde. Die hinter der *moral bombing* Strategie stehenden Ziele wurden also nicht erfüllt. Gibt es andere Argumente, welche Flächenbombardements legitimieren können?

---

[86] Walzer, S.194 f.
[87] Walzer, S. 285 ff.
[88] Vgl. Walzer, S.216 ff.

Wurde der Krieg durch *moral bombing* auf andere Weise schneller beendet und führte dadurch zu einer Reduktion der Kriegsopfer und einer Verkürzung des Holocausts? Dies würde der Vorstellung von Verhältnismäßigkeit entsprechen. Selbst wenn die These der Kriegsverkürzung zutreffen würde, wäre sie nach der *JWT* noch keine ausreichende Rechtfertigung für die Bombardierung von Zivilisten. Diese verbietet, dass feindliche Zivilisten in unverhältnismäßigem Maße getötet werden, um Verluste der eigenen Soldaten auszuschließen.[89] Während des Krieges wurden für die britische Luftwaffe teilweise mehr Ressourcen verwendet, als für die Armee und die Marine zusammengenommen.[90] Es ist zwar spekulativ, aber nicht unrealistisch anzunehmen, dass es bei einer anderen Verteilung der Mittel oder auch bei einer Konzentration der *RAF* auf strategische Ziele, zu einem schnelleren Kriegsende und somit zu geringeren Opferzahlen gekommen wäre.

Konnte *moral bombing* dazu beitragen, dass deutsche Streitkräfte zur Verteidigung der Städte an der „Heimatfront" gebunden wurden? Zum einen bestanden die Bedienungsmannschaften der Scheinwerfer und Flakbatterien zumeist aus Jugendlichen und alten Männern, also keinen Fronttruppen, und zum anderen wäre dies auch bei Luftangriffen auf strategische Ziele der Fall gewesen.[91] Die durch Flächenbombardements verursachten Flüchtlingswellen stellten die deutschen Behörden, bis auf die letzten Kriegsmonate, vor keine logistischen Probleme.[92] *Moral bombing* trug also nicht zu einer Verkürzung, sondern wahrscheinlich zu einer Verlängerung des Krieges bei.

Können Flächenbombardements nicht als legitime Vergeltungsmaßnahme gegen die Deutschen angesehen werden? Schließlich hatten diese den Krieg begonnen und ebenfalls britische Städte bombardiert. Oftmals wird auch die These einer „Kollektivschuld" der Deutschen als „Tätervolk" vertreten. Wären Flächenbombardements folglich nicht ein geeignetes Mittel für eine kollektive Bestrafung? „Kollektivschuld" und „Tätervolk" sind sehr fragwürdige und pauschalisierende Kategorien und wiedersprechen jeder neuzeitlichen und insbesondere abendländischen Vorstellung von Ethik. Nationale Identität beeinflusst, determiniert

---

[89] Vgl. Walzer, S. 373 f.
[90] Vgl. Garrett, S.170 f.
[91] Vgl. Grayling, S.290 f.
[92] Vgl. Grayling, S.291 ff.

jedoch nicht subjektives Verhalten und Moralvorstellungen.[93] Am 5. März 1933 war die NSDAP[94] in unfreien Wahlen mit „nur" 43,9 % an die Macht gekommen. Einen führenden NSDAP-Kader trifft mit Sicherheit auch eine andere Schwere der Schuld als einen einfachen Beamten, der aus karrieristischen Motiven in die Partei eintrat. Und erst recht mehr, als einen Hitler-Gegner oder ein 10jähriges Kind. Abgesehen davon sind Vergeltungsmaßnahmen durch die *JWT* prinzipiell nicht zulässig: *„(…) alle Vergeltungsmaßnahmen, die sich gegen unschuldige Menschen richten, ob diese nun der „Kontrolle der kriegsführenden Macht unterworfen" sind oder nicht, sind zu verurteilen."* [95] *„Wie ich bereits ausgeführt habe, sind bei der eigentlichen Kampfhandlung die Bürger beider Seiten in gleichem Maße unschuldig und können nie legitime Ziele sein."* [96] Unrecht rechtfertigt kein anderes Unrecht. Auch zeigt die Umfrage in der britischen Bevölkerung über den Wunsch nach der Bombardierung von deutschen Zivilisten (siehe S.19), dass Vergeltungsmaßnahmen nicht zwingend die Kriegsmoral der eigenen Bevölkerung heben. Das Leben von *innocents* muss stets unabhängig von ihrer nationalen Zugehörigkeit geschützt werden. *„Die Rechte der deutschen Zivilisten, die nicht kämpften und nicht damit beschäftigt waren, die Armee mit Material für den Kampf zu versorgen, unterschieden sich nicht von denen der Franzosen, was immer wir auch über den Krieg denken mögen."*[97]

Handelte es sich bei der Durchführung der Bombardements aber nicht um einen äußersten Notfall, der zu einer Aussetzung von Konventionen führte. Schließlich planten die Deutschen, durch die Operation Seelöwe[98] die Besetzung Großbritanniens, was unter anderem die systematische Hinrichtung britischer Eliten,[99] die Internierung der britischen Juden und einen Sieg der Deutschen mit einem unkalkulierbaren Risiko bedeutet hätte. Waren die Langstreckenbomber nicht die einzigen offensiven Waffen der Briten in den Jahren vor der Invasion, und damit alternativlos? Gemäß der *JWT* sind auch in extremen Notsituationen Nützlichkeit und Verhältnismäßigkeit die einzigen Grenzen militärischen Handelns[100] Ein solcher Notfall war außerdem vor dem

---

[93] Vgl. Schumacher, S.97 f.
[94] Nationalsozialistische Deutsche Arbeiterpartei
[95] Walzer S.308 ff.
[96] Walzer, S.419 f.
[97] Walzer, S. 234 f.
[98] Operation Seelöwe: Plan einer deutschen Invasion in Großbritannien
[99] So existierten Gestapo-Listen, welche die Exekution von etwa 2000 britischen Führungspersonen aus Politik, Wirtschaft und Kultur, darunter auch Winston Churchill, planten
[100] Vgl. Walzer, S.331

Höhepunkt der Bombardierungen längst vorbei. Im Anschluss an die *Luftschlacht über England* der Jahre 1940/41 musste die *Operation Seelöwe* auf unbestimmte Zeit verschoben werden. An der Ostfront gerieten die Deutschen in zunehmende Schwierigkeiten und in Folge von Pearl Harbor[101] erklärten die USA ihren Kriegseintritt. Weiterhin existierten auch zu jeder Zeit durch die Möglichkeit von Präzisionsangriffen gegen militärische und ökonomische Ziele genügend effiziente und offensive Alternativen. Diese waren in den ersten Kriegsjahren zwar relativ verlustreich, die *RAF* unternahm aber im Gegensatz zur *USAAF* keine Anstrengung durch Langstreckenjäger als Begleitschutz dies zu verbessern. [102] Auch Walzer urteilt diesbezüglich: *„(…) Terrorbombardierungen sind aber kriminell, und nachdem die unmittelbare Bedrohung durch Hitlers Siege zu Anfang des Krieges verschwunden war, war diese Maßnahme völlig unvertretbar. (…) Er* (Harris) *und Churchill (…) standen nicht vor einem moralischen Dilemma: sie hätten die Bombardierungen einfach abbrechen sollen."[103]* Die Frage inwiefern *moral bombing* zu einer später erfolgenden nachhaltigen Pazifizierung der deutschen (und der japanischen) Gesellschaft beigetragen hat, ist zwar äußerst interessant, bleibt jedoch im Bereich des Spekulativen. Selbst eine Bejahung würde Flächenbombardements natürlich nicht rechtfertigen.

2.3.2 Legalität der Flächenbombardements

Dieser widmet sich der Frage, inwiefern *moral bombing* im Sinne des Kriegsvölkerrechts als juristisch legal betrachtet werden kann.

1864 wurde die Genfer Konvention als erstes internationales Abkommen über humanitäre Belange des Krieges, auf Initiative von Henri Dumont, Gründer des Internationalen Roten Kreuzes, erlassen. Ein Jahr später gelangte sie im amerikanischen Bürgerkrieg das erste Mal zur Anwendung, als ein Kommandant der Konförderierten-Armee, Captain Henry Wirz wegen der Tötung von Kriegsgefangenen zum Tode verteilt wurde. [104] Die Haager Landkriegsordnung (kurz: HLKO), die aus den internationalen Friedenskonferenzen von 1899 und 1907 hervorging, stellte den nächsten Schritt der humanitären Verrechtlichung des Krieges dar. Versuche einer weiteren Ausweitung des Völkerrechts in den nächsten zwei Jahrzenten scheiterten an

---

[101] japanischer Luft- und Marineangriff auf den US-Flottenstützpunkt am 07.12.1941
[102] Vgl. Grayling, S.304 ff.
[103] Essay von Thomas Nagel: „War and Massacre", Walzer, S. 456, f..
[104] Vgl. Grayling, S.253 f.

der Uneinigkeit der Akteure. Haben die Flächenbombardements gegen Regelungen der HLKO, auf dessen Grundlage die Alliierten nach dem Krieg, im Verlauf der Nürnberger Prozesse[105] auf Rechtsverletzungen des Deutschen Reichs verwiesen, verstoßen? Häufig wird nachvollziehbar argumentiert, da es sich um eine Land- und nicht eine Luftkriegsordnung handelte, dass von Grund auf keine Rechtsverletzung nachzuweisen sei. Dagegen wird eingewendet, dass der Begriff Landkrieg eher auf den Wirkungsbereich der Waffen zu beziehen sei. Schließlich entfalteten die Bomben der *RAF* und der *USAAF* ihre Wirkung erst auf dem Boden.[106] Ein weiteres Argument gegen eine Rechtsverletzung wäre der Verweis auf eine Allbeteiligungsklausel, welche besagt, dass die HLKO nur zur Anwendung gelangt, wenn der mögliche Konflikt zwischen Parteien der 44 Unterzeichnerstaaten ausgetragen wird.[107] Im Zweiten Weltkrieg waren allerdings auch Nicht-Unterzeichnerstaaten beteiligt. Bedient man sich der teleologischen Reduktion,[108] einer nicht unüblichen juristischen Methode, lässt sich hierauf entgegnen, dass es mehr um den objektiven Sinn und nicht um juristische Deutungen der Artikel geht. Folgt man dieser Logik, müssen insbesondere die Artikel 23, 25 und 27 der HLKO betrachtet werden.[109]

Betrachtet man also allein den Sinn und die Intention der *HLKO*, gelangt man zu dem Ergebnis, dass die Flächenbombardements der *RAF* gegen die Artikel 23, 25 und 27 verstoßen. Die Luftangriffe auf deutsche Wohngebiete waren, wie bereits dargelegt, nicht verhältnismäßig und somit auch nicht *„durch die Erfordernisse des Krieges erheischt."* Bei den Flächenangriffen wurden von der *RAF* überwiegend nicht

---

[105] Nürnberger Prozesse: Verfahren von 1945-1949 vor einem internationalen Militärgerichtshof gegen führende nationalsozialistische Kader (wie z.B. Hermann Göring)

[106] Vgl. Schumacher, S.166

[107] Vgl. Schumacher, S.172

[108] teleologische Reduktion: gebräuchliche Methode zur Ausfüllung von Gesetzeslücken; auch wenn ein Gesetz auf den Einzelfall keine klare Entscheidung gibt, kann es gemäß seiner Sinn- und Zweckauslegung interpretiert werden.

[109] Art. 23 HLKO: *„Namentlich untersagt ist b) (...) die meuchlerische Tötung oder Verwundung von Angehörigen des feindlichen Volkes oder Heeres (...) sowie g) die Zerstörung oder Wegnahme, die durch die Erfordernisse des Krieges dringend erheischt wird."*

Art. 25 HLKO: *„Es ist untersagt, unverteidigte Städte, Dörfer, Wohnstätten oder Gebäude, mit welchen Mitteln es auch sei, anzugreifen oder zu beschießen."*

Art. 27 HLKO: *„Die Angreifer sollen alle erforderlichen Vorkehrungen treffen, um Gotteshäuser, Kunststätten, geschichtliche Denkmäler Hospitäler sowie Sammelstellen für Kranke so viel wie möglich zu schonen. "*

militärische Objekte angegriffen und viele betroffene Städte, besaßen wenig (so z.B. Dresden) oder keine Luftabwehr. Sie waren somit *„unverteidigt."* Vorkehrungen um die in Artikel 27 aufgezählten Einrichtungen zu schützen wurden in der Regel nicht getroffen. Spekulieren könnte man auch, ob die Bombardements gegen bestimmte ungeschriebene Natur- oder Vernunftrechte verstießen, aus denen etwa 1948 die *Allgemeine Erklärung der Menschenrechte* (kurz: *AEMR*) hervorging. Zu einem eindeutigen Ergebnis führt das aber nicht.

Bereits während des Zweiten Weltkrieges wurde auf britischer Seite offen über die Frage der Legalität debattiert. Harris äußerte einmal, dass es im Allgemeinen keine rechtlichen Vorschriften bezüglich Bombardements geben würde.[110] Luftfahrtminister Sinclair hingegen räumte in einer Unterhausdebatte einen Verstoß gegen den Artikel 27 der HLKO ein.[111] Bis heute hat Deutschland (genauso wie Japan), aus nachvollziehbaren Gründen, keinen Schritt in die Richtung einer juristischen Aufarbeitung getätigt. Eine endgültige Bewertung, ob die Flächenangriffe der *RAF* juristisch gesehen legal oder illegal waren, bzw. ob sie als Kriegsverbrechen[120] zu bewerten sind, kann aber hier allerdings nicht getroffen werden. Allein diese Frage bietet genug Material für eine juristische Abschlussarbeit oder eine Dissertation.

3. Schluss

3.1 Diskussion und Beantwortung der Forschungsfrage

Inwiefern kann die Luftkriegsführung der Alliierten im Deutschen Reich während des Zweiten Weltkriegs, unter Prüfung den von der *Just War Theory* nach Michael Walzer aufgestellten Kriterien, als ethisch und rechtlich legitim gelten?

Bevor die Beantwortung erfolgt, ist anzumerken, dass fast alle verwendeten Quellen[112] mehr oder weniger stark zu einer Verurteilung der Flächenbombardements gelangen.

---

[110] Vgl. Grayling, S.278 f.
[111] Vgl. SchumacherS.185 ff.
[112] bis auf die GEO Epoche, welche sich mit der Frage der Verantwortung für die getöteten Zivilisten allerdings nur flüchtig beschäftigt.

Dies ist nicht geschehen, um zu einer vereinfachten und eindeutigen These zu gelangen. Vielmehr war es während der Literaturrecherche schlicht nicht möglich eine Quelle zu finden, welche die Bombardements durch stichhaltige und konsistente Argumentation verteidigen konnte.

Moral bombing ist durch die *JWT* moralisch nicht zu legitimieren. Es war nicht verhältnismäßig, und konnte die Ziele der Beeinträchtigung des deutschen Kriegswillens und der Produktionsmöglichkeiten nicht erreichen. Es trug nicht zu einer Verkürzung des Krieges, geringeren Verlusten auf alliierter Seite oder einer Verminderung der Opferzahlen durch deutsche Kriegsverbrechen bei. Selbst wenn die Bombardements zu einem der Punkte einen Beitrag geleistet hätten, müsste auch dies unter dem Aspekt der Verhältnismäßigkeit gut begründet werden können. Als Vergeltungsmaßnahmen können sie moralisch nicht gerechtfertigt werden. Auch als sich die Briten in einer Notsituation befanden und die Möglichkeit bestand, dass sie den Krieg verlieren, gab es genug Alternativen, insbesondere die der Angriffe auf strategische Ziele. All dies hätten die entscheidenden Akteure zur damaligen Zeit, spätestens nach der *Operation Gomorrha* wissen, und entsprechend reagieren können. Warum sie es nicht taten, hat sicherlich viele Gründe. Eine intensivere Beschäftigung mit dieser Frage ist spannend, würde den Rahmen der Seminararbeit jedoch übersteigen. Als stärkste Motive können wahrscheinlich der bei vielen Briten existierende Wunsch nach Vergeltung[113], die relative Eigenständigkeit des *Bomber Command* und die in ihm, insbesondere durch die Person Arthur Harris, der von Churchill unterstützt wurde, herrschende Ideologie der Wirksamkeit von *moral bombing*.[114] Fakt ist, dass die Bombardements aber in den letzten Kriegsmonaten, als ein alliierter Sieg bereits abzusehen war, ihren Höhepunkt erreichten. Insbesondere diese Angriffe sind zu verurteilen.

Die Frage nach einer juristischen Legitimation und ob es sich um Kriegsverbrechen handelte, kann nicht eindeutig beantwortet werden. In jedem Fall aber sind sie aus Sicht der *JWT* moralisches Unrecht.

Die Flächenbombardements, insbesondere jene nach der *Operation Gomorrha* sind durch die *JWT* insgesamt nicht zu rechtfertigen, und werden dem Anspruch des *ius in*

---

[113] Vgl. Garrett, S.192 ff.
[114] Vgl. Schumacher, S.268 ff.

bello nicht gerecht. Ob daraus zu schließen ist, dass der Zweite Weltkrieg als ungerecht klassifiziert werden sollte, kann hier nicht erfolgen. Schließlich bietet die *JWT* keine einfache Checkliste für die Legitimität von Kriegen und Interventionen, deren Kriterien stets zu 100% mit ja oder nein beantwortet werden können.[115] Wahrscheinlich ergibt sich nach langem Auf- und Abwiegen des *ius ad, in* und *post bellum* letztendlich der Schluss, dass es sich aus alliierter Sicht um einen gerechten Krieg handelte. Das Musterbeispiel für den gerechten Krieg ist jener, aufgrund der von den Alliierten begangenen Fehlern in der Kriegsführung, deren traurigen Höhepunkt *moral bombing* darstellte, jedoch mit Sicherheit nicht.

Das Flächenbombardements als nicht zweifelsfrei legitim gelten können, wurde den Briten auch selbst nach dem Ende des Krieges klar. Im Gegensatz zu den Kampfflugzeugkommandos wurden Harris und die Bomberpiloten nicht geehrt und die Toten erhielten kein vergleichbares Denkmal. Auch wenn eine umfassende kollektive moralische Aufarbeitung ausblieb, war dies ein Schritt zurück zu den Konventionen des Krieges.[116]

3.2 Ausblick

Was kann man noch heute aus dem Thema lernen? Diskussionen, ob Churchill und Harris Kriegsverbrecher waren, ob die Flächenbombardements als Massenmorde oder Kriegsverbrechen zu beurteilen sind und Großbritannien somit möglicherweise zu nicht geleisteten Entschädigungszahlungen verpflichtet war, führen in der Sache sicherlich nicht weiter. Bestenfalls gut gemeint aber völlig fehl am Platz sind Äußerungen von öffentlichen Personen, wie die des Grünen-Politikers Matthias Oomen, der auf Twitter als Reaktion auf Demonstrationen der fremdenfeindlichen und rechtspopulistischen PEGIDA[117]-Bewegung eine erneute Bombardierung Dresdens forderte.[118]

Es ist festzustellen, dass *moral bombing* einer klaren Verurteilung bedarf und von allen Nationen geächtet werden muss. Dies ist bis heute leider nicht der Fall. Flächenbombardements sind zwar durch die Genfer Konventionen und das Völkerrecht

---

[115] Vgl. Stahl, S.153 f.
[116] Vgl. Essay von Thomas Nagel, „War and Massacre", Walzer S.458, f.
[117] „Patriotische Europäer gegen die Islamisierung des Abendlandes"
[118] Vgl. Müller, Grünen-Politiker fordert Bombardierung Dresdens, bei Berliner Journal

verboten, nach offizieler Doktrin der *US Air Force* kann die Moral einer feindlichen Bevölkerung jedoch als rechtmäßiges Angriffsziel gelten.[119]

Auch die Frage einer angemessenen Erinnerungskultur ist nach wie vor aktuell. Oftmals sind deutsche Mahnmale sehr unspezifisch und machen eine „deutsche Alleinschuld" für die Toten verantwortlich. [120] Eine differenzierte und ideologielose Trauerkultur erscheint den Opfern angemessen. Dies könnte beispielsweise durch ein bis jetzt fehlendes zentrales Mahnmal für alle Opfer der Flächenbombardements erfolgen.

---

[119] Vgl. Grayling, S.313 f.
[120] Vgl. Schumacher S. 295 f.

„Krieg ist viel zu wichtig, als dass man ihn den Generälen überlassen könnte, und der gerechte Krieg erst recht. "[121]

---

[121] Walzer, Der Sieg der Lehre vom gerechten Krieg – und die Gefahren ihres Erfolges, S.44 f.

Literaturverzeichnis

Gaede, Peter-Matthias (Herausgeber) (2010): GEO Epoche Nr.44, Das Magazin für Geschichte, Der Zweite Weltkrieg, Teil 2, 1943-1945, Von der Ostfront bis Nagasaki: Wie die Katastrophe endete, Hamburg, Gruner + Jahr AG &Co KG, Druck- und Verlagshaus

Garrett, Stephen A. (1993): Ethics and Airpower in World War 2. The British Bombing of German Cities, New York: St. Martin`Press

Grayling, Anthony C. (2006): Die Toten Städte, Waren die alliierten Bobenangriffe Kriegsverbrechen? C. Bertelsmann

Meyers, Reinhard (1994): Begriffe und Probleme des Friedens, Leske + Budrich, Opladen

Nohlen, Dieter und Schultze, Rainer-Olaf (2002): Lexikon der Politikwissenschaft, Theorien, Methoden, Begriffe, München, Verlag C.H. Beck oHG

Schumacher, Björn (2008): Die Zerstörung deutscher Städte im Luftkrieg, Morale Bombing im Visier von Völkerrecht, Moral und Erinnerungskultur, Graz, Ares Verlag

Stahl, Bernhard (2014): Internationale Politik verstehen, Opladen & Toronto, Verlag Barbara Budrich

Walzer, Michael (1982): Gibt es den gerechten Krieg? ,Klett-Cotta, Stutgart

Walzer, Michael (2003): Der Sieg der Lehre vom gerechten Krieg – und die Gefahren ihres Erfolgs, Ders.: Erklärte Kriege – Kriegserklärungen, Essays, Europäische Verlagsanstalt Hamburg, S. 31-51

Müller, Michael: Grünen-Politiker fordert Bombardierung Dresdens, bei Berliner Journal (1. Oktober 2016), unter: https://www.berlinjournal.biz/matthias-oomengruene-bomber-harris/ (abgerufen am 30.04.2018)

Schröder, Jens: Geschichtsmagazine so schwach wie selten, bei Meedia (28.10.2008), unter: meedia.de/2008/10/28/geschichtsmagazine-so-schwach-wie-selten/ (abgerufen am 30.04.2018)

SRF Kultur, Sternstunde Philosophie: Michael Walzer- ein streitbarer amerikanischer Philosoph, bei Youtube, veröffentlicht von keuronfuih (08.11.2012),

unter   https://www.youtube.com/watch?v=Yxmun8Knqf8   (abgerufen   am
30.04.2018)